BEI GRIN MACHT SICH IHR WISSEN BEZAHLT

- Wir veröffentlichen Ihre Hausarbeit,
  Bachelor- und Masterarbeit

- Ihr eigenes eBook und Buch -
  weltweit in allen wichtigen Shops

- Verdienen Sie an jedem Verkauf

Jetzt bei www.GRIN.com hochladen
und kostenlos publizieren

Norika Gölz

Soll-Ist-Vergleich und Abweichungsanalyse in der Grenzplankostenrechnung

GRIN Verlag

Bibliografische Information der Deutschen Nationalbibliothek:

Die Deutsche Bibliothek verzeichnet diese Publikation in der Deutschen National-
bibliografie; detaillierte bibliografische Daten sind im Internet über http://dnb.d-
nb.de/ abrufbar.

Impressum:

Copyright © 2002 GRIN Verlag GmbH
Druck und Bindung: Books on Demand GmbH, Norderstedt Germany
ISBN: 978-3-638-64668-0

Dieses Buch bei GRIN:

http://www.grin.com/de/e-book/20379/soll-ist-vergleich-und-abweichungsanalyse-
in-der-grenzplankostenrechnung

GRIN - Your knowledge has value

Der GRIN Verlag publiziert seit 1998 wissenschaftliche Arbeiten von Studenten, Hochschullehrern und anderen Akademikern als eBook und gedrucktes Buch. Die Verlagswebsite www.grin.com ist die ideale Plattform zur Veröffentlichung von Hausarbeiten, Abschlussarbeiten, wissenschaftlichen Aufsätzen, Dissertationen und Fachbüchern.

Besuchen Sie uns im Internet:

http://www.grin.com/

http://www.facebook.com/grincom

http://www.twitter.com/grin_com

Seminararbeit

Cost Accounting

Soll-Ist-Vergleich und Abweichungsanalyse
in der Grenzplankostenrechnung

Ausarbeitung des Aussagegehalts
im Vergleich zur flexiblen Plankostenrechnung

Eingereicht: September 2002

1. Gliederung

2. Übersicht des Themas

Als Einstieg zu meiner Seminararbeit, habe ich eine Übersicht ausgearbeitet, die einen kurzen Überblick über den Bereich der Kostenrechnung verschafft, in den meine Seminararbeit eingebettet ist.

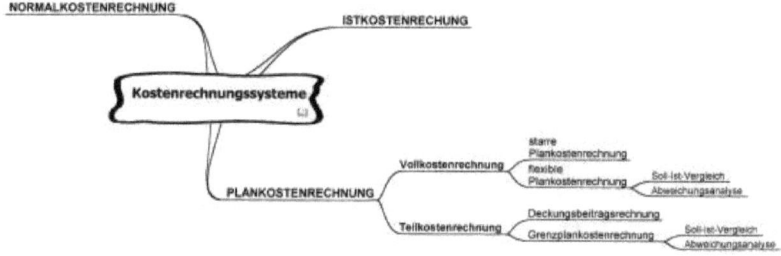

Abbildung 1: Übersicht des Themas

Man erkennt, dass die Problemstellung des Soll-Ist-Vergleichs mit anschließender Abweichungsanalyse unter das Hauptthema der Kosten- und Leistungsrechnung **„Kostenrechnungssysteme"** fällt. Im Ganzen unterscheidet man zwischen drei Kostenrechnungssystemen:

- **Normalkostenrechnung**
- **Istkostenrechnung**
- **Plankostenrechnung**

Die Plankostenrechnung wird wiederum auf Voll- und Teilkostenbasis durchgeführt. Beide Verfahren legen einen völlig anderen Rechenansatz zu Grunde, auf den ich später noch genauer eingehen werde.

Im Bereich der **Vollkostenrechnung** erarbeite ich den Schwerpunkt im Bereich der **flexiblen Plankostenrechnung** und deren **Soll-Ist-Vergleich** mit anschließender **Abweichungsanalyse**. Die **starre Plankostenrechnung** wird zur Ausarbeitung der unterschiedlichen Vollkostenansätze nur kurz erläutert.

Die **Grenzplankostenrechnung** samt **Soll-Ist-Vergleich** und **Abweichungs-analyse** gilt ebenfalls als Schwerpunkt meiner Seminararbeit, den ich im Vergleich zur flexiblen Plankostenrechnung diskutieren werde.

Die **Deckungsbeitragsrechnung** sei hier nur der Vollständigkeit wegen erwähnt. Sie gehört einem sehr umfassenden Teilbereich an, der nicht meinem Thema entspricht.

3. Plankostenrechnung

Die Plankostenrechnung hat in den letzten Jahren in Unternehmen immer mehr an Bedeutung gewonnen.

Der immer stärker werdende Konkurrenzkampf zwischen den Unternehmen der nationalen und internationalen Märkten macht eine genaue Betriebsüberwachung und Kostenbeeinflussung unentbehrlich für die erfolgreiche Unternehmens-steuerung.

Bei der Plankostenrechnung werden für die (Vor-)Kalkulation und die Preisgestaltung die Kosten des Betriebs für die entsprechenden Kostenstellen und Kostenträger im voraus ermittelt. Um die entsprechenden Plankosten zu ermitteln, arbeitet man mit Kostenvorgaben aus technischen Berechnungen und Verbrauchsstudien und verwendet Planpreise.

Mit Hilfe dieser Plankosten wird anschließend regelmäßig eine Kostenüberwachung (Soll-Ist-Vergleich) durchgeführt.

3.1 Vollkostenrechnung

Unter der Vollkostenrechnung versteht man den traditionellen Ansatz der Preiskalkulation bei dem alle effektiven Kosten (einschließlich der Fixkosten) auf die Kostenträger verrechnet werden. D.h. der Preis einer betrieblichen Leistung enthält alle Kosten, die mit der Herstellung dieser Leistung verbunden waren.

Man benötigt dazu ein rechnerisches Verfahren, das es erlaubt, alle Kosten (einschließlich der Fixkosten) den einzelnen Kostenträgern zuzuordnen.

Deshalb nimmt man in der Vollkostenrechnung die Zuschlagskalkulation zu Hilfe, bei der mit Hilfe des Betriebsabrechnungsbogen Zuschlagssätze ermittelt werden. Mit diesen Zuschlagssätzen auf der Basis vorangeganger Perioden wird dann die Vorkalkulation bzw. die Preiskalkulation vorgenommen. Erst in der Nachkalkulation, d.h. am Ende einer Periode, wenn die tatsächlich eingetroffenen Zuschlagsätze vorliegen, kann festgestellt werden, ob die beabsichtigte Vollkostendeckung auch eingetroffen ist.

Richtet sich ein Unternehmen bei seiner Preiskalkulation nur nach der Vollkostenrechnung, kann dies schnell zu unternehmerischen Fehlentscheidungen führen, denn bei kurzfristigen Dispositionen sind gewöhnlich nur die variablen Kosten relevant, während die Beurteilung und Beeinflussung der fixen Kosten eine längerfristige Betrachtung erfordert.

3.1.1 Starre Plankostenrechnung

Die starre Plankostenrechnung ist die einfachste Form der Plankostenrechnung im Bereich der Vollkostenrechnung. Hier werden nur die Plankosten bei Planbeschäftigung ermittelt und es werden nicht zwischen fixen und variablen Kosten unterschieden.

$$\text{Plankostensatz} = \frac{\text{Gesamte Gemeinkosten}}{\text{Planbeschäftigung}}$$

An diesem Plankostensatz hält man dann als Vergleichsmaßstab für die Ist-Kosten **starr** fest.

Somit wird während der Abrechnungsperiode auf die Anpassung der Plankosten, an die sich ändernden Beschäftigungsgrade verzichtet.

Diese fehlende Anpassung der Kostenwerte an Beschäftigungsschwankungen erlauben zwar eine einfache und schnelle Abrechnung, beeinträchtigen aber ganz erheblich den Aussagegehalt der Rechnungen, insbesondere die Möglichkeit der Wirtschaftlichkeitskontrolle. Aus diesem Grund findet man heutzutage die starre Plankostenrechnung kaum noch in der Praxis.

3.1.2 flexible Plankostenrechnung

Die flexible Plankostenrechnung ist dadurch gekennzeichnet, dass die Plankosten der einzelnen Kostenstellen für eine bestimmte Planbeschäftigung (die als Jahresdurchschnitt erwartet wird) vorgegeben sind.

Sie zeichnet sich dadurch aus, dass die errechneten Plankosten regelmäßig an die tatsächlichen Beschäftigungsschwankungen, zu Zwecken der Kostenkontrolle, angepasst werden. Diese auf die Istbeschäftigung umgerechneten Plankosten bezeichnet man dann als Sollkosten.

Die Anpassung an die Ist-Beschäftigung steht also im Gegensatz zur starren Plankostenrechnung, bei der die Planbeschäftigung nicht auf die Ist-Beschäftigung angepasst wird.

Eine wesentliche Voraussetzung für die Erfassung der Sollkosten ist die Aufsplittung der Plankosten in ihre beschäftigungsabhängigen und beschäftigungsunabhängigen Bestandteile, die in der Kostenstellenrechnung erfolgt. Denn nur die variablen Kosten verändern sich bei einer Änderung des Beschäftigungsgrades, die fixen Kosten dagegen sind (kurzfristig) unveränderlich.

Durch den Vergleich der Istkosten mit den Sollkosten, die Vorgabecharakter haben, sind dann regelmäßige Kostenkontrollen durch Soll-Ist-Vergleiche durchführbar.

In der Kostenträgerrechnung, also zu Zwecken der Kalkulation, arbeitet man weiterhin mit den verrechneten Plankosten, die sich durch Multiplikation des Plankalkulationssatzes auf Vollkostenbasis mit der Istbeschäftigung ergeben.

Als **Nachteil** ist hierbei die Behandlung der fixen Kosten anzusehen, die zusammen mit den variablen Kosten die gleichen Bezugsbasen haben. Dies birgt die Gefahr von Fehlinformationen für kurzfristige Entscheidungen, die auf die Kosten ausgerichtet sind.

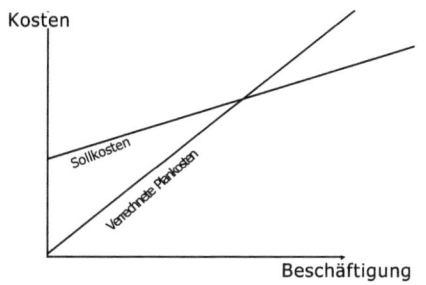

Sollkosten aus der Kostenstellenrechnung

Verrechnete Plankosten aus der Kostenträgerrechnung

Abbildung 2: Verlauf der Sollkosten und der verrechneten Plankosten in der flexiblen Plankostenrechnung

3.1.3 Fixkostenproblem der Vollkostenrechnung

Fallen in einer bestimmten Abrechnungsperiode beschäftigungsunabhängige Kosten in der Vollkostenrechnung an, werden diese proportionalisiert (mit Hilfe der Zuschlagssätze) und damit den variablen Kosten gleichgestellt und auf die Kostenträger verteilt. Diese Kostenverteilung entspricht nicht dem strengen Verursachungsprinzip und birgt die Gefahr von Fehlinformationen für kurzfristige Entscheidungen des Unternehmens. Fixkosten sind kurzfristig unveränderlich, und daher für kurzfristige Entscheidungen nicht als entscheidungsrelevant zu betrachten.

3.2 Teilkostenrechnung

In der Teilkostenrechung wird vorausgesetzt, dass alle anfallenden Kosten eines Unternehmens in fixe und variable Kosten aufgegliedert werden. Damit wird die Abhängigkeit der Kosten vom Beschäftigungsgrad erkennbar. Im Gegensatz zur Vollkostenrechnung werden bei der Teilkostenrechnung die flexiblen Kosten nicht mit Hilfe von Zuschlagssätzen auf die Kostenstellen verteilt.

Die Teilkostenrechnung setzt vor allem dann ein, wenn ein Unternehmen in der Lage ist, mit seinen erzielbaren Preisen nicht seine vollen Selbstkosten decken zu können. In manchen Situationen müssen Unternehmen schon zufrieden sein, wenn nur ein kleiner Teil der Fixkosten von den erzielten Preisen gedeckt werden.

Deshalb werden die Systeme der Teilkostenrechnung besonders gerne bei der Produktionsplanung, Kostenkontrolle und Preispolitik bei besonderer Abhängigkeit von Marktverhältnissen angewandt.

3.2.1 Grenzplankostenrechnung

Differenziert man in der Plankostenrechnung zwischen fixen und variablen bzw. Grenzkosten, so spricht man von der Grenzplankostenrechnung und zählt sie zu den Teilkostenrechenarten.

Der wesentliche Unterschied zur flexiblen Plankostenrechnung mit Vollkosten besteht darin, dass die Aufteilung der variablen und fixen Kosten sowohl in der Kostenstellenrechnung als auch in der Kostenträgerrechnung erfolgt. Somit kommt es zu einer Eliminierung der fixen Kosten aus dem Soll-Ist-Vergleich. Die Fixkosten werden separat in die Betriebsergebnis übernommen.

Die Grenzplankostenrechnung ist somit eine Planungsrechnung, die Fehler der Vollkostenrechnung vermeiden will, „indem sie aus dem Fixkostenproblem für den Aufbau der Kostenrechnung richtige Folgerungen zieht. Insbesondere sollen für alle Entscheidungsprobleme, die auf der Basis gegebener Kapazitäten zu lösen sind, die richtigen Kostendaten zur Verfügung gestellt werden" (Kilger)

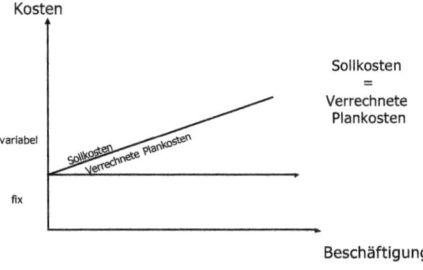

Abbildung 3: Darstellung der Sollkosten und der verrechneten Plankosten in der GPKR

Aus diesem Blickwinkel betrachtet müsste dieses Kostensystem nicht Grenzplankostenrechnung, sondern Variablekostenrechnung heißen. Wenn man

8

sich aber vergegenwärtigt, dass aufgrund der produktions- und kostentheoretischen Erkenntnisse ein linearer Gesamtkostenverlauf für die industrielle Produktion angesehen wird, wird es deutlich, dass unter dieser Voraussetzung die variablen Stückkosten mit den Grenzkosten übereinstimmen und somit der Begriff „Grenzplankostenrechnung" berechtigt ist.

Die vorangingen Ziele, die sich daraus für die Grenzkostenrechnung im Ganzen ergeben, sind Kostenkontrolle, Erfolgsplanung, Erfolgsermittlung und die Erfolgskontrolle, nicht zu vergessen, die Bereitstellung von Zahlen für die Anwendung mathematischer Entscheidungsmodelle.

Nachteile der Grenzplankostenrechung sind im Allgemeinen nicht zu erkennen. Die Befürworter der Vollkostenrechnung richten Ihre Bedenken jedoch stets gegen die Kalkulation der nur variablen Kostenbestandteile. Dabei heben Sie hervor, dass für die Bewertung der Bestände in der Handels- und Steuerbilanz die Vollkostenkalkulation erforderlich ist und die Grenzkostenkalkulation ebenfalls für die Preisermittlung bei öffentlichen Aufträgen nach dem „Leitsätzen für die Preisermittlung aufgrund von Selbstkosten" nicht ausreichen würde.
Es bestehe bei der Grenzkostenkalkulation immer die Gefahr, dass unnötige Preissenkungen vorgenommen würden und deshalb langfristig die Kosten nicht gedeckt werden könnten.

4. Soll-Ist-Vergleich auf Voll- und Teilkostenbasis

Der Soll-Ist-Vergleich ist sowohl bei der flexiblen Plankostenrechung als auch bei der Grenzplankostenrechnung einsetzbar.
Dabei werden die Kosten, die tatsächlich innerhalb einer Zeitperiode angefallen sind (Istkosten) mit den Kosten, die für diese Zeitperiode eingeplant (Sollkosten) wurden verglichen. Ziel ist es, Abweichungen von Kostenvorgaben aufzudecken, um Unwirtschaftlichkeiten eines Unternehmens sichtbar zu machen und zu verbessern.

Im Einzelnen bezweckt man die Offenlegung von:

- Preisabweichungen (Δ P)
- Verbrauchsabweichungen (Δ V)
- Beschäftigungsabeichungen (Δ B)

Der Unterschied des Soll-Ist-Vergleichs in der flexiblen Plankostenrechnung und der Grenzplankostenrechnung liegt in der Behandlung der fixen Kosten im Bereich der Kostenträgerrechnung.

Hier werden die Fixkosten in der Grenzplankostenrechnung nicht miteinbezogen während die flexible Plankostenrechnung für Zwecke der Kalkulation weiterhin mit verrechneten Plankosten (variable und fixe Plankosten) kalkuliert.

Die Auflösung in beschäftigungsabhängige und beschäftigungsunabhängige Kosten erfolgt in der Grenzplankostenrechung nicht nur zwecks Ermittlung des Sollkostenverlaufs wie bei der flexiblen Plankostenrechnung auf Vollkostenbasis, sondern auch den Kostenträgern werden nur die variablen Kosten zugerechnet, während die Fixkosten en bloc in das Betriebsergebnis übernommen werden.

Bei der Grenzplankostenrechnung gibt es deshalb auch keine Beschäftigungsabweichung, da die verrechneten Plankosten den Sollkosten bei jedem Beschäftigungsgrad entsprechen. Das ist ein großer Vorteil der Grenzplankostenrechnung, weil der Beschäftigungsgrad einschließlich dessen Umrechnungsverfahren keine Bedeutung hat.

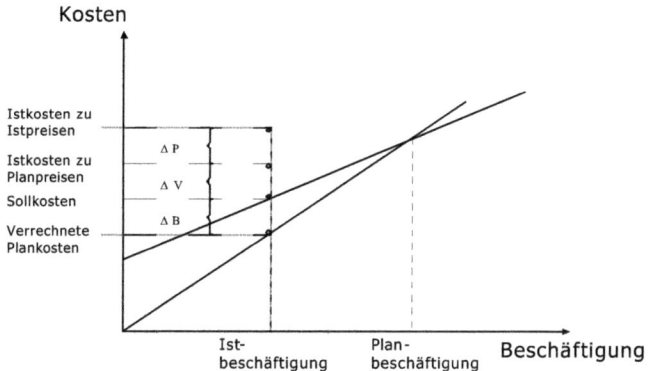

Abbildung 4: Abweichungsarten

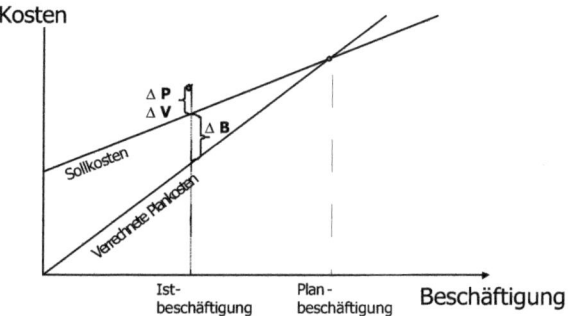

Abbildung 5: Flexible Plankostenrechnung

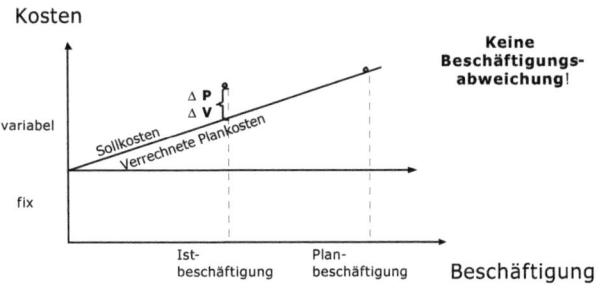

Abbildung 6: Grenzplankostenrechnung

4.1 Ablauf des Soll-Ist-Vergleichs bei der flexiblen Planungsrechnung

- Errechnung der für **jede Kostenstelle** anfallenden **Plankosten**
- Aufspaltung der Plankosten in einen **fixen** und **variablen** Teil zu Kontrollzwecken
- Errechnung des **variablen Plankostenverrechnungssatzes**

Variabler
Plankostenverrechnungssatz $= \dfrac{\text{variable Kosten}}{\text{Planbeschäftigung}}$

- Errechnung des **fixen Plankostenverrechnungssatzes**

fixer
Plankostenverrechnungssatz $= \dfrac{\text{Fixe Kosten}}{\text{Planbeschäftigung}}$

- Errechnung des **Plankostenverrechnungssatzes bei Planbeschäftigung**

Plankostenverrech-
nungssatz
bei Planbeschäftigung = variabler + Fixer
Plankosten- Plankosten-
verrechnungssatz verrechnungssatz

- Ermittlung der **verrechneten Plankosten**

Verrechnete
Plankosten = Plankostenver- * Ist-
rechnungssatz beschätigung

- Ermittlung der **Gesamtabweichung**

Gesamt-
abweichung = Istkosten - Verrechnete Plankosten

- Ermittlung der **Sollkosten**

Sollkosten = Fixe + variabler * Ist-
Plankosten Plankosten- Beschäftigung
verrechnungssatz

Sollkosten sind die zum Planpreis bewertete Planmenge bei Istbeschäftigung

4.2 Ablauf des Soll-Ist-Vergleichs bei der Grenzplankostenrechnung

- Errechnung der für **jede Kostenstelle** anfallenden **Plankosten**
- Aufspaltung der Plankosten in einen **fixen** und **variablen** Teil
- Ermittlung des **Plankostenverrechnungssatzes** bei **Planbeschäftigung**

Plankostenverrechnungssatz
bei Planbeschäftigung = variable Kosten
Bezugsgröße

- Ermittlung der **verrechneten Plankosten**

Verrechnete Plankosten	= Plankostenver-rechnungssatz	*	Ist-beschätigung

- Ermittlung der **Sollkosten**

Sollkosten	= Plankosten Verrechnungssatz	*	Ist-beschäftigung

- Nachdem die Sollkosten bekannt sind, kann die **Verbrauchsabweichung** errechnet werden:

Verbrauchsabweichung	= Istkosten	-	Sollkosten

4.3 Zweck und Voraussetzung des Soll-Ist-Vergleichs

Stimmen bei einem Soll-Ist-Vergleich im allgemeinen die Istkosten mit den im Voraus geplanten Kosten überein, so kann man von einer wirtschaftlichen Arbeitsweise des Betriebes bzw. der einzelnen Abteilungen ausgehen. Übersteigen allerdings die Istkosten die kalkulierten Sollkosten, werden die Verantwortlichen zur Rechenschaft gezogen.

Mit der Einführung von Soll-Ist-Vergleichen lässt sich eine enorme Steigerung des Kostenbewusstseins der Betriebs- und Abteilungsverantwortlichen feststellen, sowie einen positiven Einfluss auf die Kostengestaltung.
Allerdings setzt die Anwendung dieser Methode der Kostenauswertung eine entsprechend ausgebildete betriebliches Software voraus. Somit kann der Soll-Ist-Vergleich nur in Unternehmen mit Plan-, Standard- oder Richtkostenrechnung wirklich sinnvoll genutzt werden. Dadurch bleibt er wohl vorläufig auf eine kleine Anzahl von Betrieben beschränkt.

5. Abweichungsanalyse

Mit der Abweichungsanalyse versucht man, die Gründe der Differenzen der Soll- und Istkosten zu ermitteln. Kostenmehr- und −minderverbräuche im Ist gegenüber dem Soll werden auf Ihre Ursache hin mit der Abweichungsanalyse untersucht und die Verantwortlichen der Kostenstellenleiter für die Abweichungen festgestellt. Ohne die Auswertung der Abweichungen in der Abweichungsanalyse wäre der Soll-Ist-Vergleich ohne Aussage.

Man unterscheidet in der Grenzplankostenrechung zwischen zwei Abweichung:

1.) **Preisabweichung (Δ P):** der vorgegebene Einsatzpreis differiert zum tatsächlich bezahlten Preis
2.) **Verbrauchsabweichung (Δ V):** Abweichungen, die auf einen Mehr- oder Minderverbrauch an Einsatzstoffen und Arbeitszeiten im Vergleich zur Planung zurückgehen.

Im Bereich der Vollkostenrechnung kommt noch die **Beschäftigungsabweichung (Δ B),** dazu. Von ihr ist die Rede, wenn die tatsächliche Beschäftigung einer Kostenstelle nicht mit der Planbeschäftigung überein stimmt. Sowohl innerbetriebliche als auch außerbetriebliche Gründe können hierfür die Ursache darstellen.
(siehe Seite 10, Abbildung 4: Abweichungsarten)

Da in der Grenzplankostenrechnung keine Fixkosten verrechnet werden, ist im Rahmen der Abweichungsanalyse für diesen Kostenanteil noch eine **Fixkosten-Analyse** (Nutz- und Leerkostenanalyse) durchzuführen.

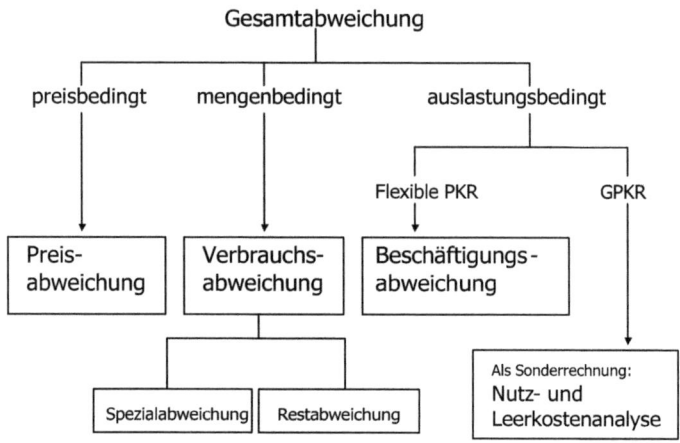

Abbildung 7: Zusammensetzung der Gesamtabweichung

5.1. Preisabweichungen

Beim Soll-Ist-Vergleich werden die Istbezugsgrößen der Kostenarten mit Plan- bzw. Verrechnungspreisen bewertet, weshalb Preisabweichungen innerhalb der Kostenstellenrechnung eliminiert sind. Diese festen Planpreise haben den Vorteil, dass sie die Kostenkontrolle von außerbetrieblichen Marktpreisschwankungen frei halten und die Abrechnung erleichtern.

Am Ende einer Abrechnungsperiode werden die Preisabweichungen ermittelt, indem die Differenz der verbrauchten Istmenge, einmal zu Planpreisen und einmal zu Istpreisen, bewertet wird. Das kann selbstverständlich nur für die Kostenarten ermittelt werden, für die Planpreise gebildet worden sind. Innerhalb der übrigen Kostenarten schlagen sich Marktpreisschwankungen in der Gesamtabweichung nieder.

$$
\begin{array}{rl}
& \text{Istmenge } * \textbf{Plan}\text{preis} \\
- & \underline{\text{Istmenge } * \textbf{Ist}\text{preis}} \\
= & \textbf{Preisabweichung}
\end{array}
$$

oder:

> Istkosten der **Plan**kostenrechnung
> - Istkosten der **Ist**kostenrechnung
> = **Preisabweichung**

Preisabweichungen entstehen bei Differenzen zwischen dem Istpreisen und den Plan- bzw. Verrechnungspreisen bezogener Güter und Dienstleistungen. Diese Abweichungen können bei **Einzelkostenarten** in Form von Fertigungsmaterial und Fertigungslöhnen entstehen, aber auch bei **Gemeinkostenarten** als Differenz bei den Gemeinkostenmaterialien oder den Gemeinkostenlöhnen.

Preisabweichungen zeigen eine notwendige Aktualisierung der Planpreise an und lassen eine beschränkte Kontrolle der Einkaufspolitik zu.

5.2. Verbrauchsabweichungen

Wenn die geplante und tatsächlich verbrauchte Menge an Kostengütern unterschiedlich hoch sind, spricht man von Verbrauchsabweichungen. Demnach handelt es sich hierbei um eine Differenz zwischen den um die Preisabweichungen reduzierten Istkosten und Sollkosten.

> **Ist**menge   * Planpreis beim Istbeschäftigungsgrad
> - **Plan**menge * Planpreis beim Istbeschäftigungsgrad
> = **Verbrauchsabweichung**

oder:

> Istkosten (der Plankostenrechnung)
> - Sollkosten
> = **Verbrauchsabweichung**

Die Verbrauchsabweichung steht in der Plankostenrechnung im Vordergrund. Aufgrund ihres hohen Stellenwertes, wird oftmals eine Zerlegungen in weitere Teilabweichungen (oder **Spezialabweichungen**) erforderlich.

Den nach Abspaltung der Spezialabweichungen noch verbleibende Rest bezeichnet man als **Restabweichung**. Wegen ihrer Vielzahl sind nicht für alle Kostenbestimmungsfaktoren Spezialabweichungen ermittelbar. Deshalb stellt die innerbetriebliche Unwirtschaftlichkeit wiederum nur einen Teil der Restabweichung dar.

Bei den Materialeinzelkosten kann man grundsätzlich zwischen:
- auftragsbedingten
- materialbedingten
- mischungsbedingten und
- durch Unwirtschaftlichkeit bedingten Spezialabweichungen unterscheiden.

5.3 Beschäftigungsabweichungen

Unterschiede zwischen den Sollkosten und den verrechneten Plankosten werden Beschäftigungsabweichungen genannt. Sie zeigt, wie viel Fixkosten bei vom Planbeschäftigungsgrad abweichender Istbeschäftigung zuviel oder zu wenig kalkuliert worden sind.

Planmenge * Planpreis bei **Ist**beschäftigung
- Planmenge * Planpreis bei **Plan**beschäftigung
= **Beschäftigungsabweichung**

oder:

Sollkosten
- Verrechnete Plankosten
= **Beschäftigungsabweichung**

Die Beschäftigungsabweichung stellt keine echte Kostenstellenabweichung, sondern einen **Kalkulationsfehler** dar. Der Grund dafür ist die Proportionalisierung der Fixkosten bei der Ermittlung der verrechneten Plankosten. Dabei wird der Vollkosten-Planverrechnungssatz durch Division der gesamten Plankosten durch die Planbeschäftigung errechnet. Dadurch ergibt sich ein bestimmter fixer Anteil im Verrechnungssatz. Wird dieser mit der Istbeschäftigung multipliziert, entsteht ein bestimmtes rechnerisches Fixkostenvolumen, das von der eigentlichen, in den Sollkosten richtig enthaltenen Fixkostensumme abweicht.

Dadurch kommt die Beschäftigungsabweichung nur bei der Plankostenrechnung auf Vollkostenbasis auf. In der Grenzplankostenrechnung werden keine Fixkosten verrechnet.

Bei der flexiblen Plankostenrechnung wird die Auslastung der Kapazität eines Betriebs anhand der Beschäftigungsabweichung aufgezeigt. Dabei ist jedoch darauf hinzuweisen, dass nur dann die Beschäftigungsabweichung den Leerkosten[1] entspricht, wenn zur Ermittlung der Planbeschäftigung die Kapazitätsplanung zugrunde gelegt wurde.

5.4. Fixkosten-Analyse

Da bei der Grenzplankosenrechnung keine Beschäftigungsabweichung zu ermitteln ist, wird zusätzlich zu der Preis- und Verbrauchsabweichung eine Fixkosten-Analyse durchgeführt um damit die Auslastung der Kapazität anhand von Nutz- und Leerkosten zu ermitteln.

Dabei kommt es zu einer Unterteilung der fixen Kosten der einzelnen Kostenstellen in Nutzkosten und Leerkosten.

- **Nutzkosten** (=Arbeitskosten) sind jene Fixkosten, die im Rahmen der aktiven Betriebstätigkeit anfallen.

$$\text{Nutzkosten} \quad = \quad \frac{\text{Istbeschäftigung} \ * \ \text{Fixkosten}}{\text{Planbeschäftigung}}$$

- **Leerkosten** sind Fixkosten, die entstehen, obgleich keine Produktion erfolgt.

$$\text{Leerkosten} \quad = \quad \text{Fixkosten} \ - \ \text{Nutzkosten}$$

Diese Fixkosten Analyse ist bei der flexiblen Plankostenrechnung nicht notwendig, da die fixen Kosten bereits im Soll-Ist-Vergleich verarbeitet werden.

---

[1] Begriff: siehe 5.4 Fixkosten-Analyse

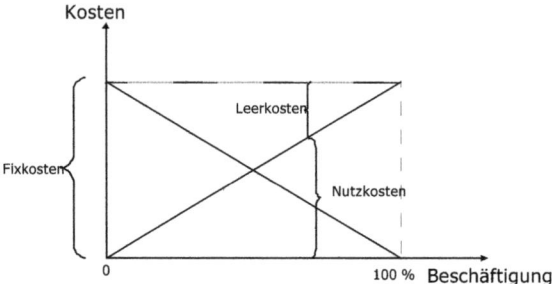

Abbildung 8: Nutz- und Leerkosten

6. Ergebnisse

Der Soll-Ist-Vergleich in der Teilkostenrechnung ist aufgrund der Aufteilung der Sollkosten sowie der verrechnete Plankosten in ihre variablen und fixen Anteile wesentlich aussagekräftiger als der Ansatz in der flexiblen Plankostenrechnung. Auf der Grundlage der Vollkostenrechnung haben wir immer mit der Differenz der Sollkosten und verrechneten Plankosten bei unterschiedlicher Beschäftigung zu kämpfen. Da es sich bei der Beschäftigungabweichung um keine echte Kostenstellenabweichung handelt, sondern nur um einen Kalkulationsfehler, können wir der Auswertung des Soll-Ist-Vergleichs auf Vollkostenbasis keine aussagefähigen Informationen entnehmen. Deshalb findet man in den heutigen Betrieben in den Bereichen der Plankostenrechnung mit großer Mehrheit die Grenzplankostenrechnung im Einsatz.

Mit diesem Ansatz der Grenzplankostenrechnung erhalten die Firmen zusätzlich zu einer fehlerlosen Abweichungsanalyse eine aussagefähige Preisuntergrenze unabhängig von den betriebsabhängigen Kosten (die in der kurzfristigen Planungsrechnung als nicht relevant zählen), was einen großen Vorteil für die gesamte Kalkulation darstellt.

7. Abbildungsverzeichnis

5. Literaturverzeichnis

Götzinger, M. (1985): Kosten- und Leistungsrechnung, 3. Auflage, Verlagsgesellschaft Recht und Wirtschaft Heidelberg, Mannheim 1985.

Haberstock, Dr. L. (1986): Kostenrechnung 2 - (Grenz-) Plankostenrechnung, 7. Auflage, S+W Steuer- und Wirtschaftsverlag, Hamburg 1986.

Haberstock, Dr. L. (1987): Kostenrechnung 1 - Einführung, 8. Auflage, , S+W Steuer- und Wirtschaftsverlag, Hamburg 1987.

Holland, R. (1993): Das Rechnungswesen der Betriebe – Kosten und Leistungsrechnung Band 2, 13 Auflage, Gehlen Verlag, Kiel/Stade 1993.

Munz, S.; Winkel K. (1972): Lexikon der Kostenrechnung, 2. Auflage, Friedrich Kiehl Verlag, Ludwigshafen (Rhein) 1972.

Olfert, K. (2000): Kompakt-Training Kostenrechung, Kiehl Verlag, Ludwigshafen 2000.

Olfert, K. (1999): Kostenrechnung, 11. Auflage, Kiehl Verlag, Ludwigshafen 1999.

Schmolke, P.; Deitermann, K. (2000): Industriebuchführung mit Kosten und Leistungsrechnung IKR, 25. Auflage, Winklers Verlag, Darmstadt 2000.

Torspecken, S. (1995): Kosten- und Leistungsrechnung - Teil 3, Gabler Verlag, Wiesbaden 1995.

William, J. (2000): Kosten- und Leistungsrechnung, 2. Auflage, Schäffer Poeschel Verlag, Stuttgart 2000.